Lizenzausgabe als Ravensburger Taschenbuch Band 8313

Titel der Originalausgabe: A l'abri des châteaux forts

Fachliche Beratung für die deutsche Textfassung:
Heinrich Pleticha
Würzburg

Redaktion der deutschen Ausgabe
und Übersetzung: Jürgen Witznick

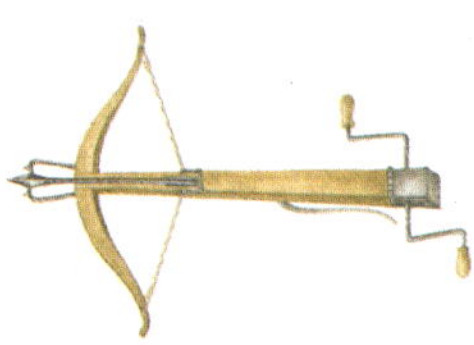

91 92 93 94 95 14 13 12 11 10

Printed in Italy by Soc. Editoriale Libraria

ISBN 3-473-38313-9

Stolze Burgen
Edle Ritter

Text von Marie Farré
Illustriert von Dominique Thibault

DIE WELT ENTDECKEN

Burg Hastings, England

Burgen sind mächtige Bauwerke.

Die meisten sind schon viele Jahrhunderte alt, und trotzdem sind manche von ihnen noch sehr gut erhalten. Viele kann man aber nur noch als Ruinen besichtigen. Burgen wurden meistens auf Anhöhen errichtet, von denen aus man das Umland überblicken konnte. Es gab aber auch Wasserburgen, die in Teichen lagen oder durch breite Wassergräben geschützt wurden.
Auf der Burg lebte der Burgherr.
Zu ihm flüchteten sich die Bewohner der umliegenden Dörfer, wenn ihnen Gefahr drohte – zum Beispiel durch plündernde Räuber. Im Mittelalter gab es in Deutschland an die zehntausend Burgen.

Burg Gutenfels
bei Kaub am Rhein

Burgen gibt es schon seit mehr als tausend Jahren.

Anfangs bestanden sie nur aus einfachen Holztürmen, die leicht Feuer fangen konnten.

Eine frühe Holzfestung

Eine Steinburg aus dem 12. Jahrhundert

Ab dem 12. Jahrhundert baute man die Burgen aus Stein. Manchmal waren ihre Mauern acht Meter dick.

Der Burgbau konnte viele Jahre – sogar Jahrzehnte – dauern! Dann lebten die Arbeiter oftmals auf der Baustelle.

Im 15. Jahrhundert wurden aus den Burgen wahre Paläste.

Die Stadt Avila in Spanien wurde wie eine Burg befestigt.

Burg Loches, Frankreich

Die mächtigen Burgherren herrschten über weite Gebiete; alle Bewohner mußten ihren Befehlen gehorchen. Oft besaßen die Herren mehrere Burgen – und die des Königs waren nicht immer die größten!

Burgen findet man vor allem in Frankreich, England, Spanien, Italien, Österreich, der Schweiz und in Deutschland.

Nicht zwei davon sehen gleich aus. Aber alle haben Mauern und eine Zugbrücke.

Burg Peñafiel, Spanien

Castel del Monte, Italien

1: Graben
2: Mauer
3: Brüstung
4: Zinne mit Schießscharte
5: Wehrgang
6: Schießscharte
7: Fallgatter
8: Zugbrücke
9: Schutzmauer vor dem Bergfried
(nur bei wenigen Burgen)
10: Pechnase
11: Bergfried (als Wohnturm in Deutschland unüblich)

4
7
3
6
8

1
2

Zu Besuch in einer mittelalterlichen Burg

Ein tiefer, mit Wasser gefüllter Graben verwehrt dem Besucher den Zutritt. Die Zugbrücke (1) wird herabgelassen und das schwere Fallgatter (2) hochgezogen – jetzt kann man in die Burg gelangen.

Auf dem Wehrgang hält ein Posten hinter der zinnenbewehrten Brüstung Wache.

In den dicken Mauern befinden sich kleine Öffnungen: die Schießscharten. Hinter ihnen verbergen sich Bogenschützen, wenn die Burg von Feinden angegriffen wird.

Schießscharte

Innerhalb des Mauerrings herrscht ein reges Kommen und Gehen.

Schmiede

Fahrender Händler

Bedienstete, Handwerker und Mönche bevölkern den Platz. Schweine, Hühner und Hunde laufen frei herum.

Scheren-
schleifer

Schenke

Die Gemächer des Burgherrn

In deutschen Burgen liegen die Wohnräume zumeist in einem eigenen Wohnbau, dem Palas. In Frankreich befinden sich die Wohnräume des Burgherrn in einem uneinnehmbaren Festungsturm, dem Bergfried. Zur Eingangstür gelangt man über eine Leiter, die bei Gefahr hochgezogen wird. Fackeln erhellen den großen Saal.

Wappen und Helmzier adliger Familien. Ein Löwe soll Kraft darstellen, und durch ein Kreuz gibt sich ein Christ zu erkennen.

In einem offenen Kamin brennt ein wärmendes Feuer. Im Schlafgemach stehen Kleidertruhen, auf denen man sitzen kann. Das Bett bietet sechs Personen Platz. Im Erdgeschoß befinden sich die Vorratskammer und der Zugang zum Fluchtgang. Im Obergeschoß schlafen die Wächter.

Ein Schachspiel vertreibt die Zeit an langen Abendstunden.

Die Fenster waren noch nicht aus Glas, sondern aus Ölpapier.

Die Burgherrin

leitet den Haushalt und überwacht die Arbeiten auf den Ländereien, wenn der Burgherr unterwegs ist. Sie trägt dafür Sorge, daß immer genügend Vorräte vorhanden sind. Sie kennt sich mit Heilkräutern aus, die bei Krankheiten helfen. An den Jagdgesellschaften nimmt sie teil und wohnt auch den Turnieren bei.

Die Herrin beherrscht die noch wenig verbreiteten Künste des Lesens und des Rechnens, und sie erzieht ihre Töchter.

Das Neugeborene wird von Amme und Dienerinnen umsorgt.

Sie bringt ihnen auch das Weben bei. Die Mädchen werden schon sehr früh einem jungen Mann versprochen – und mit 15 Jahren werden sie verheiratet.

Ein Junge verläßt mit sieben Jahren seine Mutter. Er wird Page in einer benachbarten Burg und dient der dortigen Herrin.
Mit zwölf Jahren wird er Knappe eines Ritters.
Manche Jungen gehen in eine Klosterschule.
Geläufige Jungennamen sind: Konrad, Walther, Ulrich und Heinrich.
Die Mädchen heißen meist Anna, Adelheid und Konstanze.
Die Abende in der Burg sind sehr lang.
Deshalb sind Besucher immer willkommen; man lauscht gern ihren Erzählungen.

Der Burgherr und seine Untertanen

Die Bauern arbeiten auf den Ländereien des Herrn. Jede Familie hat von ihm einen Wohnplatz erhalten und dazu etwas Land, das sie selbst bewirtschaften darf. Die Burg bietet dafür Schutz, wenn Räuberbanden das Land heimsuchen.

Die Bauern mahlen ihr Getreide in der Burgmühle, sie backen ihr Brot im Backofen der Burg, und auch ihren Wein keltern sie in der Burg.

Für den Schutz durch die Burg zahlen die Bauern mit wirtschaftlicher Abhängigkeit.

Das Siegel des Burgherrn

Für die Benützung der Straßen und Brücken muß man an den Burgherrn Wegzoll bezahlen.

Eine Bestrafungsart im Mittelalter: Bauern werden in den Fußblock gefesselt.

Die Bauern müssen Abgaben an den Herrn leisten. Jedes Jahr bringen sie ihm einen Teil ihrer Ernte und einige Tiere aus ihrer Herde. Ohne dafür bezahlt zu werden müssen sie Gräben, Straßen und Mauern ausbessern und in den Wäldern Holz fällen.

Der Burgherr ist auch Gerichtsherr und damit Herr über Leben und Tod seiner Untertanen. Die Strafen sind oft hart und grausam.

Ein Dorf wird oft in der Nähe der Burg angelegt.

Mit dem Dreschflegel werden die Körner aus den Ähren gedroschen. Mit Hilfe des Worfelkorbes trennt man die Spreu von den Körnern.

Im Dorf

In den einfachen Hütten gibt es nur einen einzigen Raum, in dem der Bauer mit seiner Familie und auch die Tiere leben. Auch die Werkzeuge werden hier aufbewahrt. Vom Frühjahr an arbeiten die Bauern auf den Feldern. Sie säen und mähen, sie scheren die Schafe, und im Herbst wird die Ernte eingebracht. Dann wird ein großes Fest gefeiert. In der Burg gibt es nun genug Vorräte für das kommende Jahr! Die Bauern aber haben nicht genug zu essen – sie müssen im Wald nach Pilzen und Beeren suchen, um nicht Hunger zu leiden. Es ist ihnen verboten, auf die Jagd zu gehen.

Ein Fest wird gefeiert.

Diener bauen mit Holzböcken die Tafel auf und decken sie festlich.
In der Küche sind viele Bedienstete damit beschäftigt, das Festmahl zuzubereiten. Dann werden die Speisen aufgetragen: es gibt Wildschwein, Reh, Huhn, Hecht, Fasan, Pfau, Brotscheiben mit würziger Soße… Honiggesüßter Wein, Apfelmost und Bier sind die beliebtesten Getränke.

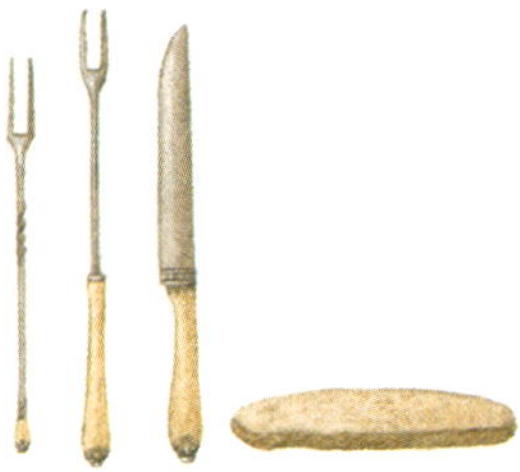

Zweizinkige Gabeln, Messer, Holzbrett

Zum Nachtisch werden Erdbeertörtchen, Honigkuchen und Früchtepasteten gereicht.

Das Geschirr ist aus Holz, Zinn oder Ton. Reiche Burgherren essen von silbernem Geschirr.

Zur Unterhaltung der Festgesellschaft zeigen Akrobaten und Jongleure ihre Künste. Tierbändiger führen Affen und Bären vor. Minnesänger tragen Verse vor. Fahrende Sänger werden von vielerlei Musikanten begleitet. Sie spielen auf Laute, Harfe, Tamburin, Flöte und manch anderem Instrument. Und alle Gäste singen die Tanz- und Trinklieder mit. Ein solches Fest dauert viele Stunden.

Der Burgherr geht auf die Jagd.
Am liebsten jagt er mit dem Falken: Der Vogel fliegt auf, erspäht einen Hasen, stürzt sich auf ihn und tötet ihn. Dann kehrt er auf die durch einen Handschuh geschützte Hand seines Herrn zurück.

Mit Pfeil und Bogen wird auf Hasen, Rebhühner und Fasane Jagd gemacht.

Ein Wildschwein wird erlegt.

Eine Jagdgesellschaft hält ein Mahl im Freien ab. Die Speisen werden auf einem Küchenwagen gebracht.

Auf eine Treibjagd begibt sich der Herr auf seinem Jagdroß. Eine Hundemeute – Windhunde, Bracken und Saurüden – jagt hinter einem Wildschwein oder einem Hirsch her. Wenn das Tier schließlich erschöpft ist, wird es von seinen Verfolgern gestellt, und die Jäger machen ihm mit der Lanze den Garaus.
Der Herr jagt nicht nur zu seiner Unterhaltung. Er tötet das Wild, damit es die Felder nicht abfrißt, und um sich einen guten Braten zu beschaffen.
Die Bauern dürfen nur Fallen aufstellen, um kleinere Tiere zu fangen. So kommen auch sie ab und an zu einem Braten und einem wärmenden Fell.

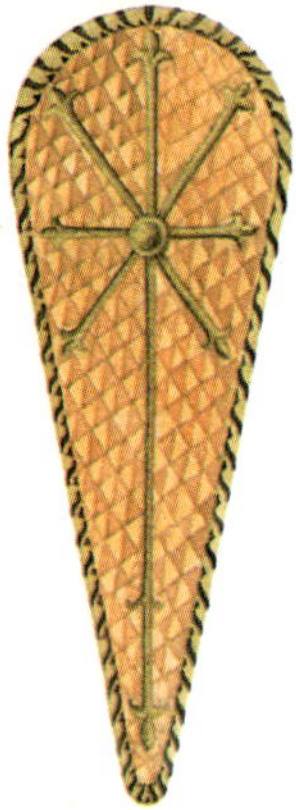

Schild

Lanze

Ein Ritter ist ein Krieger zu Pferde.

Ein kleiner Page wird mit zwölf Jahren Knappe. Im Alter von 18 Jahren wird er feierlich zum Ritter geschlagen.
Er kniet vor seinem Paten – einem Burgherrn – nieder und schwört ihm als sein Gefolgsmann Treue. Er verspricht, ein guter Christ zu sein und nach dem Tod des Herrn Witwe und Waisen zu beschützen. Der Pate gibt ihm mit dem Schwert einen leichten Schlag auf den Nacken, überreicht ihm sein Schwert und legt ihm die Sporen an. Der Ritter trägt ein Kettenhemd, das ungefähr zehn Kilogramm wiegt. Erst gegen Ende des Mittelalters tragen die Ritter auch Rüstungen.

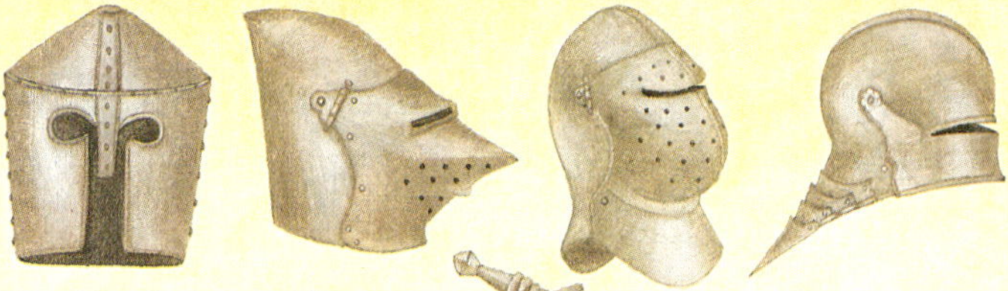

Ihren Kopf schützen die gerüsteten Ritter mit einem Helm. Am gebräuchlichsten ist der Topfhelm (links).

Eine Rüstung kann über 30 Kilogramm wiegen. Ohne Pferd ist ein Ritter hilflos. Deshalb muß auch das Pferd geschützt werden.

Ein Turnier wird durchgeführt.

Auf der Tribüne drängen sich die Zuschauer. Von weit her sind Ritter angereist, um in edlem Wettstreit ihre Kräfte zu messen. Ihre Namen und ihre Ruhmestaten sind allen wohlbekannt.

An Wappen und Helmzier erkennt man die jeweilige Herkunft des Ritters. Der Sieger erhält aus den Händen der vornehmsten Dame den Siegespreis. Und am Abend wird ein großes Fest gefeiert.

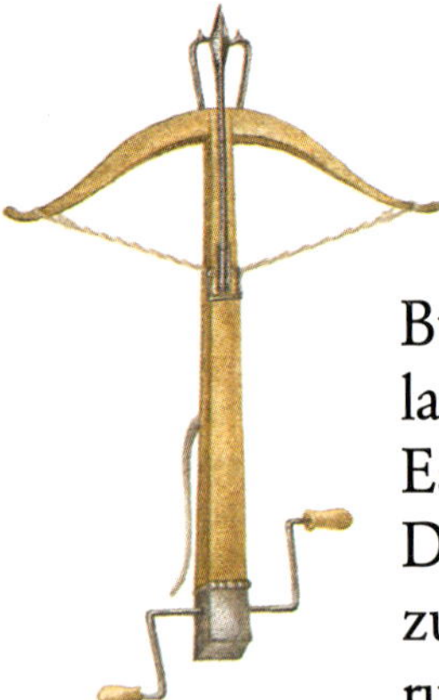

Armbrust

Die Burg wird von feindlichen Truppen belagert.

Die Bewohner können die Burg nicht mehr verlassen. Bei langer Belagerung können die Essensvorräte zur Neige gehen. Die Feinde entschließen sich zum Angriff. „Gott befohlen!“ ruft der Anführer, und die Truppen rücken vor. Sie füllen den Graben mit Balken auf und schieben fahrbare Holztürme an die Mauer. Einige versuchen, über Leitern auf die Mauer zu gelangen, andere bedienen Wurfmaschinen, mit denen schwere Steine gegen die Burg geschleudert werden. Die Verteidiger schießen mit Pfeilen und gießen siedendes Öl und Pech auf die Angreifer.

Die Angreifer treiben einen Gang unter der Mauer hindurch, um in den Burghof zu gelangen.

Der Wald, der alt und greise
Von Schnee war und von Eise,
Nun in lichter Farbe glänzt,
Schönbekränzt.
Stolze Kind,
Nun reihet, wo die Blumen sind.

Auf manchem grünen Reise
Hört ich süße Weise
Singen kleine Vögelein.
Blumenschein
Ich da fand;
Heide hat ihr licht Gewand.

Ich bin hold dem Maien:
Mein Lieb sah ich im Reihen,
Wo die Linde Schatten hat;
Unterm Blatt
Er da lag
Für den sonnenheißen Tag.

Neidhart von Reuenthal (1190–1240)

(Übertragung: Will Vesper)

Die Welt entdecken

In dieser Reihe sind bisher erschienen:

Band 1: Wie leben die Tiere im Winter?
Band 2: Keine Angst vor Krokodilen
Band 3: Sahara – Leben in der Wüste
Band 4: Eskimos – Leben im ewigen Eis
Band 5: Wo die Schokolade wächst
Band 6: Warum trinken alle Kinder Milch?
Band 7: Kartoffeln wachsen nicht im Keller
Band 8: Die Geschichte vom Papier
Band 9: Das Schwein und seine Verwandten
Band 10: Leben auf den Sonneninseln
Band 11: Glas – Das durchsichtige Geheimnis
Band 12: Reis – Ein kleines Korn ernährt die Welt
Band 13: Stolze Burgen, edle Ritter
Band 14: Bäume im Jahreslauf
Band 15: Geheimnisvolle Insektenstaaten
Band 16: Wind und Wetter
Band 17: Unser täglich Brot
Band 18: Bären – Die unsanften Riesen
Band 19: Auf der Spur der Indianer
Band 20: So leben die Affen
Band 21: Sanfte Kühe – Wilde Stiere
Band 22: Feuerwehren im Einsatz
Band 23: Elefanten – Geliebte Dickhäuter
Band 24: Vögel im Nest
Band 25: Die Sonne – Quelle unseres Lebens
Band 26: Wale – Die letzten Riesen der Meere
Band 27: Nach Westen! – Cowboys, Trapper, Pioniere
Band 28: Indien – Land voller Geheimnisse
Band 29: Wie lebten die Römer?
Band 30: Quomodo vivebant Romani?
Band 31: Ägypten zur Zeit der Pharaonen
Band 32: Tiere, vor denen wir uns fürchten